Selbst wenn wir nicht viel Materielles besitzen,
so tragen wir doch den größten Reichtum
in unseren Herzen- die Kraft der Liebe.
Sie schafft es andere zu beschenken und so
an jedem Tag an Reichtum dazuzugewinnen.
(Jando aus „Die Weisheit des Regenbogens")
Illustration: www.antje-arning.de

Für :..............................

Von :..............................

Leuchtturm voller Gedanken

Mehr über den Autor auf:

www.jandoautor.com
www.facebook.com/JandoSchriftsteller
www.instagram.com/jando_autor/
www.twitter.com/jandoautor
www.youtube.com/c/JandoAutor

Impressum
Kontakt zum Autor: jando@jando-autor.de©
Jando, 2021 © der deutschsprachigen Ausgabe:
KoRos Nord GmbH, www.korosnord-gmbh.de
Lektorat: Katharina Platz
Textkorrektur: Katharina Platz, www.textgenau.com
Umschlaggestaltung, Satz und Design: Wiebke Kruse, Instagram: Ostfriesen_wicht
Illustrationen: Antjeca, www.antje-arning.de
Druck und Bindearbeiten: booksfactory, Berlin
Gesamtherstellung: KoRos Nord GmbH
Vör de Rehgen 4, 26160 Bad Zwischenahn
ISBN: 978-3-945908-48-8

Jando

Leuchtturm voller Gedanken

KoRos Nord

Anstelle des Vorwortes habe ich mich entschlossen, euch einen Code für zwei meiner Audiobooks zu schenken. Die Audiobooks sind „Die Chroniken der Windträume“ und „Traumflieger“.

Euer Gutscheincode : Leuchtturm

Herunterzuladen im Jando-Shop unter
www.jandoautor.com

Schau in den Himmel und lass deine versunkenen
Träume mit den funkelnden Sternen aufsteigen.
Du wirst merken, wie neuer Mut dein Begleiter wird.

Jando aus „Chroniken der Windträume“

DIR WÜNSCHE ICH ...

Eine kleine Geste,
ein freundliches Lächeln.
Manchmal sind es die kleinen
Dinge im Leben,
die große Freude bereiten können.

Wenn wir in die Ferne schweifen und Sterne beim Tanzen beobachten,
können wir sie erkennen: Die Sternenreiter unserer Herzen.
Tauchen wir dann tief in uns ein, leuchten sie noch heller und schenken uns
jeden Tag neue Hoffnung und Liebe.
Jando aus „Sternenreiter- kleine Sterne leuchten ewig"
Antjeca
stration: Antjeca

Der Fischer und seine Frau

Vor langer, langer Zeit lebte in einem abgelegenen Dorf ein Fischer. Er hatte schon viele Meere bereist und freute sich jedes Mal, in die Arme seiner geliebten Frau heimzukommen. Sie lebten ein glückliches Leben. Wenn ihr Mann auf hoher See war, strickte sie ihm warme Socken und Pullover, damit er nicht frieren musste auf seinen Reisen. Er wiederum brachte ihr die tollsten, getrockneten Blumen mit, die sie je gesehen hatte. Doch eines Tages erkrankte seine Frau an Tuberkulose während einer seiner langen Reisen. Als er wieder unsere Bucht erreichte, konnte er es gar nicht erwarten, seine Frau in seine Arme zu nehmen. Er wunderte sich, dass sie nicht wie sonst üblich am Hafen war. An seinem Haus öffnete ihm der Dorfarzt die Tür und teilte ihm die schwere Diagnose mit. Zur damaligen Zeit gab es kein Heilmittel. Tuberkulose war gleichzeitig der Tod. Ein schleppender Tod. Der Arzt forderte unseren Seebären auf, dass er nicht zu seiner Frau geht, weil die Krankheit stark ansteckend und eine Gefahr für ihn und die Dorfbewohner sei. Er durfte mit seiner Frau nur durch die Tür sprechen und sie von außen durch das Fenster sehen. Für den alten Schiffer brach eine Welt zusammen. Wie konnte das sein? Er hatte allen Gefahren der Meere getrotzt, aber dieser Krankheit wusste er nicht zu begegnen.

Sein Herz, das durch den unmenschlichen Schmerz zerrissen war, ließ ihn nicht mehr klar denken. Seine Seele schien aus ihm gewichen und so auch der Gedanke an seine sterbende Frau. In vielen einsamen Stunden dachte er an die schönen Momente zurück. Ihre Hochzeit, die romantisch und schillernd im Abendrot der untergehenden Sonne auf ihrem Kutter stattfand. Wie glücklich sie waren, als sie sich die ewige Liebe schworen. Der Moment, wenn sie auf ihn wartete, und er nach langer Fahrt wiederkam und sie sich in den Armen lagen, als würde sich die ganze Welt nur um sie drehen. Die Küsse, die so zärtlich und hingebungsvoll sein konnten. An all dies erinnerte er sich. Es waren für ihn seine schönsten Erinnerungen. Die Worte seines Eheversprechens fielen ihm wieder ein:

Wir stehen zusammen in guten wie in schlechten Zeiten.

Es war dem alten Schiffer in diesem Moment so, als würde seine Seele aus dunklen Ecken wieder zu ihm stoßen, und er wusste auf einmal, was er zu tun hatte. Er grämte und schämte sich für seine vorherigen Gedanken. Wie hatte er nur so denken können? Sein Selbstmitleid erschreckte ihn. Er hatte nur an sich gedacht, wie schlimm es für ihn war — aber nicht ein Gedanke an seine Frau! Er fing an zu weinen. Aber seine Tränen waren nicht nur die eines

Unsere eigene Stärke und Klarheit
entdecken wir, wenn wir Ruhepausen einlegen.
Es ist wie beim Meer:
Wenn es sich nicht mehr bewegt, wird es klar.

(Aus „Chroniken der Windträume" von Jando)

Trauernden, sondern zugleich die eines Mannes, der jetzt wusste, wie sein Weg aussehen musste, und er sprach leise zum Meer:

„Ja, ja, Worte können wie leere Hülsen sein. Wir sollten lernen, wenn wir sie aussprechen, sie auch ernst zu nehmen, erst dann werden unsere Wege klar." Dann machte er sich schnell auf den Weg zu seiner geliebten Frau.

Über Nacht buddelte der alte Seebär den Garten vor dem Fenster seiner Frau um. Er hatte auf seinen Reisen viele Trockenblumen mitgebracht und pflanzte aus den Samen Blumen. Er schöpft schlief er in jener Nacht vor dem Fenster seiner Frau ein. Er träumte von unterschiedlichen Orten, die wild und frei waren. Er sah sich auf seinem Kutter auf einem Meer, das so blau war wie der Himmel.

Seine Frau war bei ihm. So unglaublich schön strahlend, wie es nur ein Engel sein konnte. Es war sein schönster Traum. Die ersten Sonnenstrahlen, die warm und zärtlich sein Gesicht streichelten, weckten ihn. Er blickte auf sein Blumenbeet. Ein Wunder. Eine Blume war über Nacht zum Leben erwacht. Sie war wunderschön und strahlte ihn in ihren leuchtend gelben Farben an.

TATEN, DIE VON HERZEN KOMMEN, SAGEN MANCHMAL VIEL MEHR ALS WORTE.
(JANDO)

Seine Frau schaute aus dem Fenster und rief verzückt:

„Oh, du hast mir ja eine Sonne geschenkt. So vieles hast du schon für mich gemacht, doch jetzt bin ich überglücklich. Sie gibt mir die Wärme, die ich brauche. Ich spüre sie. Es ist das größte Geschenk, das du mir machen konntest. Wer kann schon behaupten, dass die Sonne den ganzen Tag für einen scheint! Ich werde sie Sonnenblume taufen."

Er war glücklich. Er holte sich seinen Schaukelstuhl zum Fenster und philosophierte mit seiner Frau über die Kraft der Natur und ihre Urgewalten, über Leben und Sterben. Beide waren sich des Abschieds bewusst. Die Sonnenblume in ihrem Blickfeld spendete ihnen Licht und Wärme. Als die Nacht hereinbrach, zündete er eine Fackel an und sie unterhielten sich weiter bis sie erschöpft einschliefen. Die wärmenden Sonnenstrahlen weckten unseren Schiffer. Sein erster Blick galt der Sonnenblume, ob sie noch da sei. Ja, aber nicht mehr alleine. Eine Blume, die aussah wie ein Stern, stand neben ihr.

ÜBER **SCHÖNHEIT** WIRD VIEL GESCHRIEBEN:
DOCH WAHRE SCHÖNHEIT LEBT IN UNSEREN HERZEN,
LEUCHTET UND BEGINNT ZU WACHSEN
DAS MACHT IHRE **NATÜRLICHKEIT** AUS.

(JANDO AUS „DIE CHONIKEN DER WINDTRÄUME")

„Liebste", rief er. "Schau mal aus dem Fenster! Schau auf diese Pflanze!" Seine Frau erschien am Fenster. Sie sah sehr erschöpft aus, doch als sie die Blume sah, kannte ihre Freude keine Grenzen. „Oh, mein Liebster, erst die Sonne und jetzt ein Stern. Ich bin gesegnet, denn wer hat schon die Möglichkeit von sich zu behaupten, Sonne und Stern zusammen zu haben. Wenn die Sonne der Tag ist, wird der Stern die Nacht sein. Ein Geschenk von unermesslichem Wert! Wie kann ich dir nur danken?" Er schluckte. „Du musst mir nicht danken. Ich danke dir für alles, wofür du mir die Augen geöffnet hast. Ich bin so glücklich bei dir zu sein. Das ist für mich das größte Geschenk!" Er sah Tränen in ihren Augen und wusste, was er jetzt tun musste. Er rannte ins Haus, stieß die Tür zu ihrem Zimmer auf und nahm seine geliebte Frau in die Arme. Er hielt sie so fest, wie er noch nie was im Leben festgehalten hatte. Doch er spürte, wie die Energie aus ihrem Körper wich, und seine Tränen nässten ihre Wangen.

„Du solltest nicht weinen", sagte sie, „Ich gehe nur an einen anderen Ort. Du bist ein Teil meines Lebens und wirst es immer bleiben." Sie beugte sich sanft zu ihm hin und flüsterte:

Wenn Dunkelheit die Sonne verdrängt
und Ängste wachsen, beginnen Sterne
dir den Weg zu leuchten.
Sie halten es wie die Gezeiten:
Auf Ebbe folgt immer die Flut.

(Jando)

„In Zeiten des Schmerzes, warst du es, der meine Hand hielt. In Zeiten des Himmels, werde ich diejenige sein, die ihre Hand schützend über dich hält."

Sie schloss die Augen. Für immer.

Der alte Seebär war unermesslich traurig, doch wusste er, dass dies noch nicht der endgültige Abschied von seiner Frau war. Er hüllte sie in ein weißes Laken und brachte sie zu seinem Kutter. Es musste alles schnell gehen, da die Tuberkulose auch ihn angesteckt haben konnte. In seiner Eile vergaß er, die Sonnenblume und den Stern mitzunehmen. Er lief zurück. Doch als er sein Blumenbeet erreichte, wurde ihm warm ums Herz. Hunderte von Sonnenblumen und Sternen verneigten sich vor ihm. Es wurde Nacht, obwohl es taghell war. Die Blumenköpfe wiegten sich hin und her. Dabei sangen sie:

Wenn wir bereit sind, die Träume in unser Leben einzubeziehen, lernen wir die Wahrhaftigkeit der Liebe und des Lebens kennen.

Und er begriff: Die Liebe zwischen ihm und seiner Frau war unvergänglich und es war ein Geschenk, dass sie in ihren

DIE LIEBE IST DER ANKER, DER DEINE SEELE IMMER WIEDER IN DEN HAFEN EINFAHREN LÄSST.

(JANDO AUS „CHRONIKEN DER WINDTRÄUME“)

düstersten Stunden füreinander da waren. Als er sich auf den Weg zum Kutter machte, hörte er noch einmal die Sonnenblumen flüstern:

„Liebe geht ein ganzes Leben. Egal Wie. Egal Wann. Egal Wo."

Der alte Fischer stach in See. Irgendwo weit draußen übergab er seine Frau dem Meer. So sollte es wohl sein. Der Kapitän eines anderen Schiffes, das sich in der Nähe befand, beschrieb in seinem Logbuch ein unglaubliches Naturereignis. Die Besatzung hatte einen Stern und eine Sonne in den Abendhimmel steigen sehen, oben am Firmament paarten sich beide und schossen in einem wunderschönen Schweif gemeinsam zur Erde. Daraufhin taten sich viele Sterne zusammen und begleiteten sie. Der Kapitän trug es in seinem Logbuch als Sternschnuppen ein.

Ende

Du möchtest in deinem Garten eine kleine Blumenwiese oder einen beliebigen Platz verschönern? Das freut vor allem die Bienen.
In der kleinen Kugel sitzt ein ganzes Ökosystem. Die Erde bietet der Pflanze alle Nährstoffe, die sie zum Keimen benötigt, und die Hülle schützt die Samen vor Ameisen oder Vögeln.

Wenn man Träume ins Leben einwebt, entwickeln sich Momente, die magisch werden und für die Ewigkeit bestehen.

Jando aus „ Traumflieger - Lena schreibt Briefe an Gott“

DIY Blumenkugeln

1 Teil Samen:
Ringelblume, Kornblume,
Sonnenhut oder weitere
5 Teile Tonerde
5 Teile torffreie Pflanzenerde
Wasser
Leerer Eierkarton

Schritt Eins:
Zuerst holst du dir eine große Schüssel. In der mischt du die Erde, Samen und die Tonerde zusammen.

Schritt Zwei:
Gebe dann tröpfchenweise Wasser hinzu. Damit ein gleichmäßiger Teig entsteht.

Schritt Drei:
Forme daraus Kugeln und lege sie zum Trocknen in den leeren Eierkarton.

Schritt Vier:
Lasse die Kugeln an einem luftigen und trockenen Ort für zwei Tage trocknen.

Du kannst die Blumenkugeln bis zu zwei Jahre lagern oder direkt in deiner Umgebung verteilen. Oder du machst einem wichtigen Menschen in deinem Umfeld eine Freude und verschenkst eine Kugel.

SEI DEIN GRÖSSTER FAN

Der kleine Jando ist jetzt schon **dein größter Fan. Selbstliebe** und **Selbstbewusstsein** sind die ersten Schritte, um mit sich selbst ins Reine zu kommen. Schreibe hier all die Dinge auf, die du an dir magst. Egal ob es Deine langen Arme sind oder deine Geduld, wenn du mal wieder in einer langen Schlange stehst. Vielleicht warst du ja auch schon einmal in einer schwierigen Situation, die du meistern musstest. Halte hier die Momente fest, auf die du stolz bist, und wenn dich mal der Zweifel plagt, kannst du auf diese Liste schauen und stolz zurückblicken.

Das mag ich an mir:

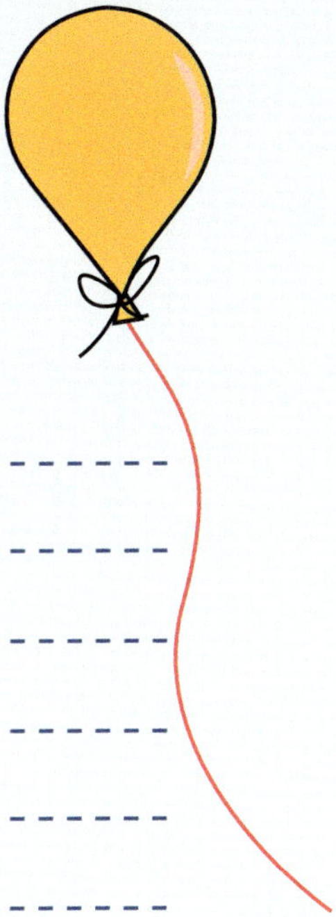

WOW, das habe ich richtig gut gemeistert:

Ich weiß jetzt, dass Träume die Anzahl unserer Gedanken sind. Leben wir sie, multiplizieren sie sich und so können sie uns noch glücklicher machen.

Jando aus „Im Himmel gibt es einen Bahnhof“

Hier finden deine **Tagträume** oder **Gedanken** Platz:

Bilder verblassen
in der aufgehenden Sonne.
Worte werden weggespült
vom Rauschen des Meeres.
Doch Liebe und Erinnerungen
verweilen ewig im Herzen.

Upcycling Kerzen

Für dieses kleine Upcycling Projekt benötigst du:

Alte Kerzenreste
2 Konservendosen
einen kleinen Ast oder
ein Holzspieß
Citronellöl oder Lavendelöl
Garn oder Faden aus Baumwolle

Schritt Eins:

Erhitze zuerst die Kerzenreste in einer Metalldose im Wasserbad. Verunreinigungen und Dochtreste kannst du mit der Gabel herausfischen. Achte darauf, dass das Wasser nicht zu sehr kocht und ins Wachs kommt. Wenn du Citronell- oder Lavendelöl zu Hause hast, kannst du ein paar Tropfen dazugeben. Wenn dein Baumwollgarn zu dünn ist, dann flechte ihn. Tauche nun die geflochtene Kordel in das heiße Wachs und lasse sie abkühlen.

Schritt Zwei:

Den Baumwollgarn nun mittig am Holzspieß verknoten und diesen quer auf die Dose legen. Vorsichtig das heiße und flüssige Wachs aus der anderen Dose eingießen und das Wachs kalt werden lassen.

Schritt Drei:

Nach dem Kerzengießen geht es ans Dekorieren. Du kannst die Dose mit Acrylfarbe bemalen oder sie mit alten Stoffresten bekleben. Wenn du lieber eine schöne Vintage-Lichtquelle haben möchtest, kannst du auch alte Einmachgläser oder Tassen verwenden und sie als neue Dekoration benutzen.

Manchmal,
aber nur manchmal,
gibt es im Leben auch Ereignisse,
in denen Menschen durch seltsame
Fügungen zueinander finden, um
gemeinsam ihre gebrochenen Herzen
und verletzten Seelen zu heilen.

Plattes Land und Platte Sprache?

Deich
Höchster Punkt in Ostfriesland. Aufschüttung von Erde zum Hügel, um das Binnenland vor der Flut zu schützen. Wird gern von Schafen und Mensch zum Spazieren genutzt.

Döntje
Ein plattdeutsches Wort für eine Anekdote aus dem Alltag, die in einer geselligen Runde erzählt wird.

Elführtje
Um Punkt 11 Uhr gibt es eine Ruhepause, bei der eine Tasse Ostfriesentee getrunken wird. Oft gibt es aber auch einen klaren Schnaps.

Insett Bohnen
Wird auch manchmal „Schnippelbohnen“ genannt und ist ein Eintopf aus gesalzenen Bohnen, der an der Küste in Ostfriesland auf jeden Küchentisch gehört.

Kinnertön
Das ist ein Likör aus Branntwein, Kandiszucker und Rosinen. Meist wird man dazu eingeladen, wenn ein Kind im Freundschaftskreis oder in der Familie geboren wurde.

Koppke
Das ist die Tasse, woraus man den Tee trinkt. An der Nordsee haben sie tatsächlich alle Tassen im Schrank.

Moin
Grußformel für jeden Tag und jede Uhrzeit.

Pilsumer Leuchtturm
Bekannter gelb-roter Leuchtturm in der Ortschaft Krummhörn.

Scann den QR Code ein und begebe dich auf eine kleine Reise zum Leuchtturm an die Nordsee.

Dein Herz leuchtet mir den Weg. Es ist der Leuchtturm der Seele. Ich werde ihm folgen, denn ich spüre, wie aus Angst und Traurigkeit neue Freude und Hoffnung entstehen.

Zwischenahner Tradition

Ammerländer Löffeltrunk aus dem Zinnlöffel

Man trinkt in Erinnerung an alte Zeiten aus dem Zinnlöffel. Da man damals die rechte Hand immer wehrhaft bereithalten musste, nahm man den Löffel in die linke Faust. Nachdem eingeschenkt war, gab es einen feierlichen Trinkspruch.

Gastgeber:
Ik seh di! (Ich sehe dich!)

Gast:
Dat freit mi! (Das freut mich!)

Gastgeber:
Ik sup di to! (Ich trinke dir zu!)

Gast:
Dat do! (Das tu!)

Gastgeber:
Prost!

Gastgeber:
Ik heb di tosapen! (Ich habe dir zugetrunken!)

Gast:
Hest´n Rechten drapen! (Hast den Richtigen getroffen!)

Gastgeber:
So hebt wi dat immer doh'n! (So haben wir das schon immer getan!)

Gast:
So schall dat ok wieter goh'n! (So soll das auch weiter gehn!)

Aus dem umgedrehten Löffel durfte nun kein Tropfen mehr herauslecken, anderenfalls wurde das Ritual wiederholt.

TIERE BERÜHREN UNS
TIEF IN DER SEELE
UND ERINNERN UNS DARAN,
DASS ES EINE WELT
AUßERHALB DES JOBS,
MATERIELLEN STREBENS ODER
TÄGLICHEN PROBLEMEN GIBT.
SIE HABEN DIE MAGISCHE
FÄHIGKEIT, UNS MIT UNSERER
SEELE ZU VERBINDEN- WIR
MÜSSEN ES NUR ZULASSEN.

Kann das Weg?

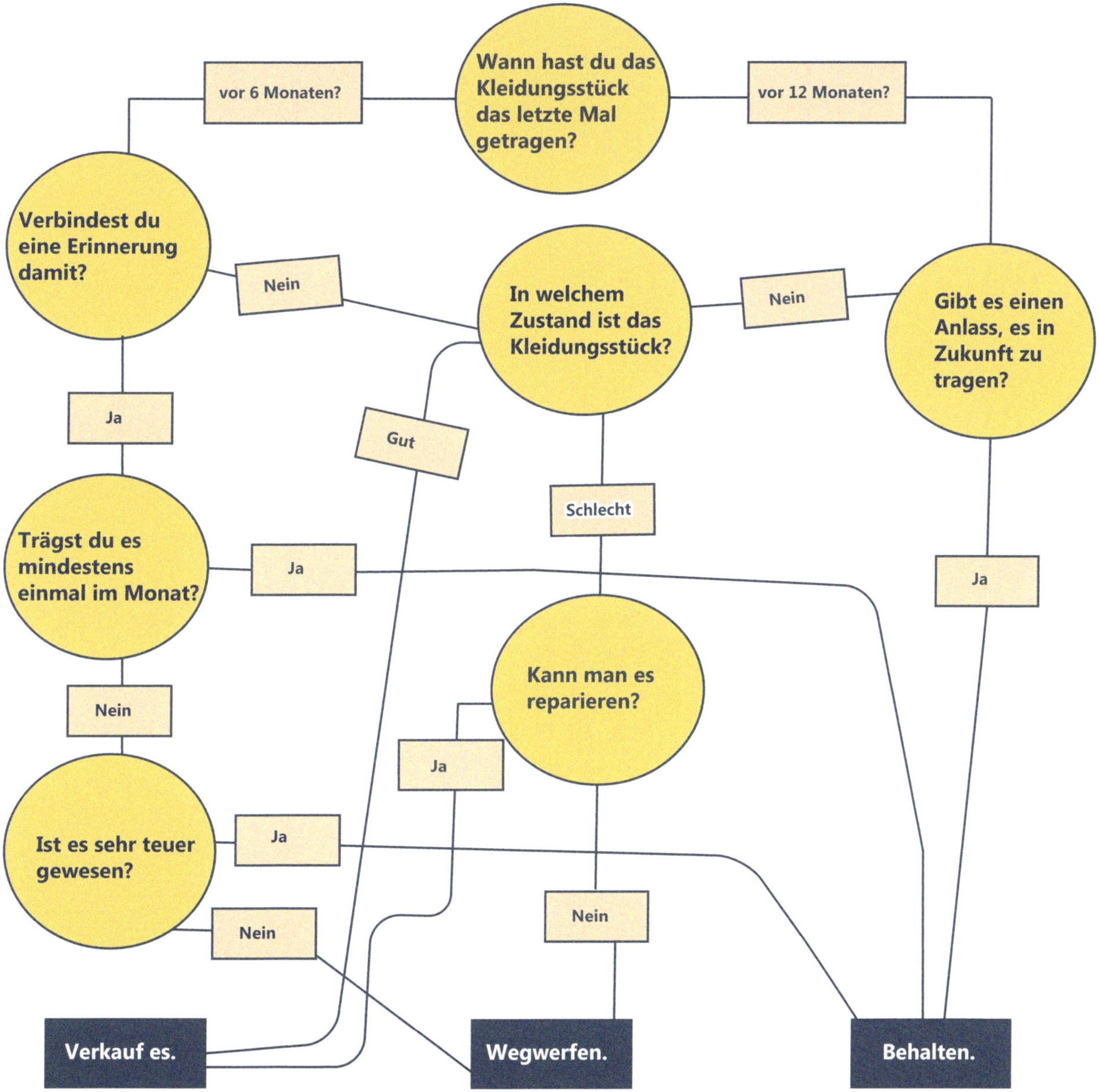

Wann hast du das Kleidungsstück das letzte Mal getragen?
vor 6 Monaten?
vor 12 Monaten?
Verbindest du eine Erinnerung damit?
Nein
In welchem Zustand ist das Kleidungsstück?
Nein
Gibt es einen Anlass, es in Zukunft zu tragen?
Ja
Gut
Schlecht
Trägst du es mindestens einmal im Monat?
Ja
Ja
Kann man es reparieren?
Nein
Ja
Ist es sehr teuer gewesen?
Ja
Nein
Nein
Verkauf es.
Wegwerfen.
Behalten.

Zukunftstafel

Was ist **dein Ziel** im Leben, wo möchtest du einmal stehen und was möchtest du erreichen? Was wünscht du dir von **deinem Ich** in 5 Jahren? Dies kannst du hier auf diesen Seiten festhalten. Dazu schreibst du dir die Schlüsselwörter auf. Du kannst dir dazu Dinge aus dem Internet ausdrucken oder aus Zeitschriften ausschneiden und diese aufkleben.

Lebe jeden Tag so, als sei er der letzte.
Freue dich an Sonne und Mond,
denn sie strahlen auch für dich.
Lass dich fallen und lerne genießen,
trotz aller großen Aufgaben und Pläne.

(Jando)

Das brauchst du für
4 Portionen:

260 g	Mehl
2 EL	Backpulver
2 TL	Vanille-Aroma
eine Prise	Salz
360 ml	Pflanzenmilch
4 EL	Apfelmus
2 TL	brauner Zucker
1	Banane
beliebig	Dattelsirup
viel	

Erst, wenn geliebte Menschen sich weit von einem entfernen, merken wir, wie wichtig sie für uns sind.

Jando aus „Sternenreiter"

Jando backt vegane Pancakes

Klopf dir mal auf die Schulter und sei stolz auf dich. Manchmal ist es Zeit, um über die Stränge zu schlagen und einfach mal zu schlemmen. Der kleine Jando liebt Pfannkuchen.

Schritt Eins:
Vermische das Mehl, Backpulver, Vanille-Aroma und die Prise Salz miteinander.

Schritt Zwei:
Füge nun die Pflanzenmilch und den Apfelmus hinzu und rühre alles mit einem Schneebesen zusammen.

Schritt Drei:
Brate den Teig in der Pfanne an. Sobald der Teig ein paar Bläschen bekommt, kannst du den Pfannkuchen wenden.

Schritt Vier:
Schneide die Bananen in kleine Stücke und gebe diese zusammen mit dem braunen Zucker und dem Öl in eine andere Pfanne. Brate die Bananenstücke solange, bis sie golden braun sind. Nun kannst du sie zusammen mit dem Pfannkuchen servieren. Wenn du magst, kannst du noch Dattelsirup über die Pancakes gießen.

Lass es dir schmecken!

Vergesst nicht,
Euer Leben im Hier und Jetzt zu genießen.
Denn das Leben ist das Wunderbarste überhaupt.
Probiert vieles aus und verzeiht Euch Eure Fehler.
Sie gehören dazu.

(Aus: „Im Himmel gibt es einen Bahnhof" von Jando)

Die Erde zu bewohnen
und zu nutzen,
heißt nicht
sie zu zerstören.
Wenn wir dieses
begreifen, entdecken
wir auch den Strand
unserer Träume.

Auch wenn wir die Welt
mit einem weinenden Auge
verlassen werden, verbleiben
wir bei unseren geliebten
Personen.
Wir sind tief in ihren Herzen
und manchmal, ja manchmal,
ganz unbewusst, geben wir
ihnen Ratschlaege und
noch mehr Liebe fuer ein
glueckliches Leben.
Jando aus 'Chroniken der Windtraeume'
Illustration: Antjeca

DIY Handykette

Diese Handykette kannst du perfekt für einen Spaziergang an den Strand mitnehmen und dein Handy sicher als Accessoire tragen. Du musst kein Teil neu kaufen! Hast du Lust?

Dafür benötigst Du:
eine Handyhülle
2 kleine Schlüsselringe (ca. 1 cm)
ein Auftrenner oder eine Nadel
dickes Garn

Schritt Eins:
Im ersten Schritt kommen die Löcher in die Handyhülle. Die Löcher kommen unten in die Handyhülle, wo das Ladekabel eingeschoben wird. Zwei auf der linken Seite und zwei auf der rechten Seite. Diese könnt ihr mit dem Auftrenner machen.

Schritt Zwei:
Nun werden die Schlüsselringe durch die Löcher gezogen. Wer keine alten Schlüsselringe zu Hause hat, bekommt diese aber auch im Baumarkt. Die kleine Friemelarbeit lohnt sich.

Schritt Drei:
Nimm dir mindestens 4 Schnüre zur Hand. Alle sollten die Länge der doppelten Spannweite deiner Arme haben. Knote das offene Ende zusammen und befestige dieses an einem Stuhl. Es kann dir aber auch ein:e Freund:in dabei helfen und das Ende festhalten. Drehe die Schnüre in eine Richtung bis eine Spannung entsteht

Schritt Vier:
Halbiere die Kordel in der Mitte und halte dabei die Enden gut fest. Den unteren Teil der Kordel kannst du loslassen, dann rollen sich die Fäden zusammen und es wird eine Kordel daraus. Das offene Ende ziehst du dann durch die Ringe und verknotest es.

Weniger „dies“ oder mehr „das“?

Meine „mehr davon Liste"
Hier kannst du Dinge eintragen, die dich motivieren und die dir ein gutes Gefühl im Leben geben. Du kannst auch Fotos deiner Freund:innen einkleben.

Meine „weniger davon Liste"
Hier kannst du dir Angewohnheiten, die du ablegen möchtest oder die dich persönlich ausbremsen, eintragen.

Lebe lieber
außergewöhnlich
statt dich
alten Zwängen
hinzugeben.
Vertraue dabei
der Stimme
deines
Herzens
ca

ANTJECA

FREI ZU SEIN UND SEIN LEBEN ZU ERTRÄUMEN,BIRGT AUCH RISIKEN. DOCH ENTSCHEIDET MAN SICH FÜR DIESEN WEG, WIRD DAS LEBEN SO INTENSIV, ALS WÜRDE MAN DREI GLÜCKLICHE LEBEN LEBEN.

Einen Ausflug an den Strand, den macht auch der kleine Jando gern. Wenn du das nächste mal einen Ausflug machst, nimm dir einen kleinen Gefrierbeutel mit, in den du ein bisschen Sand vom Strand mitnehmen kannst, um dich an den tollen Ausflug zu erinnern. **Die Gedanken eines schönen Erlebnisses sollten für immer in deinem Herzen bleiben**. Hier kannst du aber auch Postkarten oder Fotos einkleben.

(Erkundige dich aber erst, ob du diesen auch mitnehmen darfst.)

Die größte Liebe, die täglich zu sehen ist,
sind unsere Kinder.

Jando

Es gibt Zeiten im Leben,
da musst du was riskieren.
Wenn du nichts wagst,
wirst du nie wissen,
wie es anders sein könnte.
Horche in dich hinein
und deine Entscheidung
wird die richtige sein.
(Jando)

Wohin du auch gehst,
wird die Sonne dich am Tag
mit ihren Strahlen wärmen.
In der Nacht leuchten dir
Sterne den Weg.
(Jando)
ANTJECA
© KoRos Nord GmbH

Auch wenn wir denken, es gibt keine Hoffnung,
sollten wir lernen uns zu vertrauen.
Selbst aus dem Nichts kann ein Weg führen.
Der Glaube an uns führt zum Ziel.
Dorthin, wohin wir wirklich wollen.

Jando

BIOGRAFIE

Jando wurde am 16.7.1970 im niedersächsischen Oldenburg geboren. Mit seinen Geschichten möchte er zeitlose Botschaften für Jung und Alt, Groß und Klein erzählen. Sein Seemannsgarn spinnt er als waschechter Norddeutscher während ausgedehnten Wanderungen entlang der Küste. Als kleiner Junge wollte er Seeräuber werden, der Besitztümer an Arme verteilt. Diese Haltung spiegeln heute seine Bücher wieder.

Sein Erstling „Windträume ... eine wundersame Reise zu sich selbst", welchen Jando zunächst 2003 im Eigenverlag veröffentlichte, erschien 2010 bei KoRos Nord und liegt auch als Hörbuch vor.

Nach längerem Aufenthalt in Köln lebt er heute unweit der Nordseeküste. 2012 erschien das moderne Märchen „Sternenreiter: Kleine Sterne leuchten ewig", als Hardcover und Hörbuchausgabe. Im Februar 2016 wurde der Titel auf dem südkoreanischen Buchmarkt eingeführt, nachdem sich der Verlag Penguin Publishing Café die Rechte sicherte. Die Film- und TV Produktionsfirma Puzzle Pictures erwarb die Filmrechte am Sternenreiter und hat mit Jando zusammen das Drehbuch geschrieben. Der Spielfilm soll 2022 in die Kinos kommen.
Weitere Publikationen sind der immerwährende Kalender „Herzensbotschaf-

Versuche aus deinem Leben eine
magische Reise
voller kleiner Wunder zu machen und
lerne dabei jeden Augenblick zu genießen.

Jando aus „ Die Chroniken der Windträume"

ten für das Jahr" und im Mai 2015 das moderne Märchen „Traumflieger: Lena schreibt Briefe an Gott", das auch als Hörbuch vorliegt. Im Rahmen der Frankfurter Buchmesse 2014 wurde Jando für den „Orbanism Award" nominiert und auf die Shortlist in der Kategorie „Ansteckendste Persönlichkeit" gewählt.

Im September 2016 erschienen die Chroniken der Windträume. Eine Erzählung über Abschied und Trauer, über das ewige Werden und Vergehen, vor allem aber über Hoffnung und die unbändige Kraft des Lebens. 2019 erschien das moderne Märchen „Im Himmel gibt es einen Bahnhof" als Hardcover und Hörbuchausgabe. Der Titel wurde zum Buch des Monats Juni 2019 bei „Kind of Book" gewählt. In der Erzählung geht es um eine himmlische Geschichte von der Macht der Liebe, Schicksalsschläge, die Gratwanderung zwischen Leben und Tod und glückliche Wendungen. 2020 erschienen das moderne Märchen „Die Weisheit des Regenbogens: Wegweiser des Herzens" und das Geschenkbuch „Bilder, die ich dir aus worten male".

Jando engagiert sich ehrenamtlich für die Kinderhilfsorganisation „Ein Herz für Kinder" und unterstützt die Robben-Kampagne der Tierrechtsorganisation „PETA".

ISBN 978-3981486322
13,99 Euro

ISBN 978-3981486315
13,95 Euro

ISBN: 978-3945908075
13,99 Euro

ISBN: 978-3945908150
11,98 Euro

INSPIRATIONEN FÜRS LEBEN VON

JANDO

ISBN: 978-3945908426
15,99 Euro

ISBN: 978-3-945908-21-1
13,99 Euro

Alle Bücher gibt es auch als Hörbucher und sind im Handel erhältlich.

Liebe ist der Anker,
der deine Seele
wieder in den Hafen
einfahren läßt.
(Aus: „Im Himmel gibt es einen Bahnhof" von Jando)